Revner I Realiteten.

Indholdsfortegnelse.

Forlag: BoD • Books on Demand, Strandvejen 100,
2900 Hellerup, bod@bod.dk
Tryk: Libri Plureos GmbH, Friedensallee 273,
22763 Hamborg, Tyskland
ISBN: 978-87-7145-517-5

Fuck systemet

Ser du jeg er ikke sart, men det er heller ikke rart.

At vide hvis jeg ikke kan læse eller regne så kommer jeg ingen vegne.

Og hvis bare det var løgne, men det er det ikke.

For uden en uddannelse, er der ikke en fremtid.

Det er rent slid, jeg jo kun et barn nu skal jeg pludselig være helt erfaren.

det er noget vores samfund har skabt og det er dumt.

For når jeg søger ind på den uddannelse, ser de mit snit men hvem er jeg det er lidt skidt.

Ser du jeg er ikke gnaven, men jeg er ved at være slidt.

For selvom dit snit er bedre end mit, betyder det ikke at du har mere at byde.

Og så er det ikke for at lyde klog, men hvem fanden er du til at fortælle mig hvad jeg kan ud fra en bog.

Så når vi overtager verden fra jer, hvad skal vi så gøre når der ikke er noget erhverv.

Jeg er ikke et geni så lad vær med at forvente det er noget jeg kan bli'

På den anden side hvor meget matematiker, er der over vores statsminister.

I behøvede ikke kunne der var læremester og lærepladser, så i kunne blive til noget selv hvis i var ord spasser.

Vi har et samfund hvor over 500.000 børn og unge over 15, har et mentalt dårligt helbred.

Er det virkelig noget vi vil stå ved?

Så hvor er vores reelle problemer, måske har vi nogle fucket op systemer.

Måske glemmer i at en dag er jeres generation væk, så kan det være lige meget hvad der har været skrevet med blæk.

Vores samfund mangler nogle funktioner, så vores verden ikke kolliderer, men hvad ved jeg, jeg skal jo bare studerer.

Så nu snakker jeg rene facts tjek jeres statistikker, vi skal have nogle nye taktikker ca. 2 mennesker i lille Danmark begår selvmord ja gæt selv hvert år? Hver måned? Hver uge?

Nej hver dag, så tag det her som et slag eller en øjenåbner, for jeg er træt af vi lukker og slukker for den vigtige viden så kig op.

Ser du vores fine kongeriges slot, eller et land i brand og kaos måske intet for det var hvad der blev fortalt os.

Tilliden til det system vi har er skræmmende som om vi er blinde og lammede, enten så tør vi ikke eller os gør vi det bare ikke.

Det her er ikke en demonstration, det er bare en forvirret ung der leder efter svar så fortæl endelig hvis du har et klar.

Den afdøde

Han blev frarøvet - livet.

Uskyldige mennesker sørget.

Det var ikke nemt,

og alle minderne havde hun glemt.

Livet byder på godt, skidt og alt i mellem.

Han smilte og hun græd.

I virkeligheden tror jeg hun vær ræd.

Hvad nu hvis de så hende i øjnene?

Læste hende som en bog og så løgnene.

For i virkeligheden var han jo ikke død.

Hun var ensom og desperat.

Som om det ikke kunne blive værre.

Skubbede hun alle væk, så der var færre og færre.

Jeg afgik ved døden den nat.

I en verden hvor jeg aldrig var i live.

Jeg stikker af

Efter en måned eller to.

Når tingene bliver bare lidt seriøse.

Stikker jeg af det er som endeløse - hjertesorger.

Jeg ville ønske jeg kunne være en af de der mønster borger.

Jeg vil jo gerne have det perfekte forhold.

Og når jeg næsten har det, mister jeg kontrol.

Jeg stikker af – hver gang.

Jeg går hjem hører den samme triste sang.

Mens jeg spørger mig selv hvorfor,

jeg stikker af hver eneste gang?

Kære 18

Jeg frygter dig,

Men jeg glæder mig.

Jeg er bange for du vælter mig,

Og efterlader mig liggende.

Jeg kan høre uret det er tikkende.

Jeg er ikke klar, til voksenlivet regninger og ansvar.

Så kære 18.

Vil du ikke nok være sød?

Giv mig en blød - start før det hele tager fart.

Kære dig

Der er mange ting jeg ikke kan forstå,
en af dem er hvordan du kan formå.
At ødelægge mig igen og igen.
Hvorfor jeg bliver ved med at kalde dig min ven?

Jeg ved du gør dit bedste,
men nogle gange ville jeg ønske du vidste.
At dine handlinger påvirker dig, så det påvirker mig.

Så bare fordi du er familie skal jeg med vilje,
undgå at lade dig gå. Selvom det er mig, jeg prøver at passe på.
Og det er det jeg nogle gange, ville ønske du kunne forstå.

Det er ikke fordi det er dig, jeg hader.
Men det ender næsten altid med jeg vader,
rundt i mine egene tanker.

Så når dine handlinger lænker, mig til at niveau jeg ikke hører til på.

Hvorfor må jeg så ikke lade dig gå?

Slippe mig selv fri, fri fra tankerne, fri fra larmen du skaber i mit hoved.

Der er mange gode, minder som aldrig forsvinder.

Men mit mentale helbred er i bund, og ik' uden grund.

Det er et umuligt valg for min sunde fornuft,

siger jeg er nødt til at fordufte.

Men mit hjerter brænder, det siger jeg skal blive her hos dig,

og det vil jeg tro mig.

Jeg har bare brug for, at du bliver ældre, opfører dig som en på din alder.

At du forstår at de mennesker du hiver ind,

sætter lige så store spor i mit sind.

Rette Vej

Hvad kan den gøre for mig?

Hvem er du og hvem er jeg?

Hvornår ved vi egentlig, at vi er på rette vej.

Hvor end jeg kigger hen,

ser jeg høje forventninger og stort pres.

Der er ikke plads til fejl, så nu sætter jeg sejl.

Jeg gør hvad der følelse rigtigt for mig.

Små skridt

Når jeg ser tilbage,

husker jeg de dårlige dage.

De ændrede mig, men jeg er her,

stærkere end nogensinde før.

Jeg ville ikke ændre på noget.

Mine venner var dem der blev efter showet.

De små skridt,

var dem der gjorde det hele muligt.

Diamant

Kulstof kan skabe noget så elegant,

med det helt rette pres skabes en diamant.

Den skal presses,

lidt for meget og den smadres.

Vi skal presse og skubbe hinanden,

men ikke ud over forstanden.

Mange mennesker føler sig alene,

sammen er der ingen der står ene.

Ensomhed

Når jeg er ensom,

bliver jeg tvivlsom og tænksom.

Jeg nyder mit eget selskab,

når jeg er alene, savner jeg mine venskab.

Ironisk ja nærmest lidt komisk,

jeg kan ikke lide at være social i for lang tid.

Men alligevel føler jeg mig ensom før aftenstid.

Fejl vurderet

Da jeg trådte ind ad døren,

havde de allerede fanget mig i snøren.

Der var tid og penge at spare,

hvis de bare.

Lod som om de lyttede,

min næve knyttede.

Frustreret gik jeg ud ad deres døre,

rasende over at blive ved med at snakke for døve øre.

Psykiatrien kunne have grebet en rastløs,

næste gang de så ham var han næsten livløs.

Indre mørke

Når jeg ikke engang selv ved hvad der går galt, hvordan skal jeg så få talt?

Et tomrum fylder og du føler måske jeg skylder

en forklaring, jeg ved det ikke et sølle svar med det er alt jeg har.

Hvordan skal jeg få dig til at forstå, hvordan jeg har det inderst inde, der hvor jeg ikke selv kan nå?

Nogen kan måske relatere, jeg ved ikke hvad det er jeg overser.

Men med et er alt sort og mit blik flakker, jeg kan høre nogen der snakker.

Men jeg er væk lyden i verden er fjern,

jeg forsvinder jeg kan ikke mærke smerten, og jeg kan ikke forstå verden.

Følelsen af at være et levende lig, så lad hver med at komme og sig jeg skal fortælle og forklarer.

For lige pludselig er livet et spil for hver gang du trækker vejret, er der 10 kilo mere at bære ikke mindst en million nye ting at lære.

Jeg er 17 lad mig nu leve, jeg skal have ambitioner så jeg en dag kan tjene millioner.

Jeg får hele tiden af vide at jeg har hele livet foran mig, og alligevel skal jeg slide for at vide hvem jeg er og hvad jeg vil.

Nu skal jeg være voksen og erfaren, så fuck da om jeg nogensinde måtte være et barn.

Der er så mange der overser dobbeltmoralen der ikke ser faren,

ved vores blinde tillid. Der ikke forstår de unges slid ja nogen ser ikke engang vi er i en ny tid.

Så nej jeg ved det ikke men nu vil jeg lig' mig fladt ned og fortælle de få ting jeg ved.

Jeg ved at det er mit liv og nu jeg styrer spillet, og der vendte heldet

Jeg ved at viljen er min egen og at intet kan stå i vejen.

Jeg ved at styrke kommer i alle former, alt fra fysisk til psykisk.

Generation z lever i mig hver dag. Jeg kæmper for mine medmennesker på trods af alle de hårde hændelser.

For om 10 år ved jeg vi stadig står.

Humor

Når det hele gør ondt

joker vi, måske er det sundt.

At grine sammen over smerten,

gør det okay at være i verden.

Vi gør det sammen,

vi skaber tryghedsrammen.

For uden dem,

har jeg ikke noget hjem.

Mod

Hvad er mod, og hvornår er jeg modig?

Er jeg modig, når jeg står på toppen af et bjerg?

Måske når jeg vælger mit erhverv.

Er jeg modig, når jeg står på havets bund?

Måske når jeg står min grund.

Er jeg modig, når jeg tør svæve?

Måske er det at leve.

Mørket

Mørket falder på,

for nogle føles det som om hjertet går i stå.

En knude i halsen,

Kigger i spejlet og ser masken.

Smiler og kigger væk,

går tilbage og håber stemmen ikke siger knæk.

Ser frygten i øjnene,

for nogle er det menneskemængderne.

For andre er det skovene,

der gør aftenen sluttes grædende.

Frihed

Du så mig i øjnene, da du fortalte mig alle løgnene.

Jeg ønsker dig alt held, men jeg er nødt til at sige farvel.

Nu er der ro i mit sind, nu vender det til medvind.

Friheden for frygten om sandheden.

Lyden af fuglenes sang, ingen tvang.

Nu er der ro, dagen kort som lang.

Frygtløs

Du er perfekt, jeg er ikke klar.

Min største frygt, hvad nu hvis jeg efterlader dig med ar.

Jeg er først den rigtige mig.

Når jeg står ved siden af dig.

De smil og de grin vi deler.

Jeg tror noget inde i mig heler.

Du er perfekt, jeg er ikke klar.

Mine ar må aldrig blive til dine ar.

Under Månen

Går det godt for dig?

Er du under samme måne som mig?

Er vi i den samme verden?

Jeg kan se den i dig – smerten.

Jeg ved at det er svært og det gør ondt.

Kom med lad os rejse verden rundt,

kun fantasien sætter grænser.

Positive tanker de renser.

Pas på sjæl og sind,

jeg venter dine sejl i medvind.

Kærlighed til et rodet liv

Det gjorde ondt da de skred,
vi har alle været efterladt i had.
Jeg følte mig alene tilbage ved barnsben.
De var der alle sammen men jeg ku' ikke høre
noget for larmen, i mit hoved i mit blod.
Ville ønske jeg tilstod før,
så det hele ikke var rent rod.

Da jeg var 3 fandt jeg ud af,
livets slag det gjorde ondt.
Alt hvad jeg nogensinde kommer til at eje, vil være lånt
intet menneske er skånet.
Og hvis du tænker bullshit så fortæl mig
hvad jeg har været igennem,
hvordan jeg har taklet mine problemer
så jeg stadig vidste det hele senere.

Det var aldrig nemt og være mig
Og nej fortiden er ikke glemt.
Men jeg har så mange nye kvaliteter,
Kom lad mig vise dig i kilometer.
Se dig - for
Jeg har mig selv og mit sind.
Mit mindset er på så kom
Hover fortæl mig lidt mere om alt hvad der sker.

Den gang da jeg ramte bunden,
manglede jeg grunden.
Til at leve videre kæmpede livets kamp,
stemplet fyldt med skam.
De tider der slider,
er grunden til jeg fylder de her sider.
Jeg har en livslang drøm,
jeg vil aldrig følge den strøm.
Nu er jeg færdig,
ikke et hjerteslag tilbage.

Barnets minde

Jeg var et barn, jeg forstod ikke hvor meget den tid var værd.
Men i dag ville jeg give alt for den var lige her.,
det som om der er så mange ting jeg overser.
Det hele var sjov og ballade,
jeg vidste virkelig ikke hvor meget jeg havde.

For den gang da mor råbte at der var aftensmad,
jeg rullede øjne og tænkte jeg er ligeglad.
For jeg havde mudder på hænderne
og et smil på læben så du ku' se tænderne.
Solen der skinner jeg glemmer aldrig mine minder.

Barnets minde vil altid vinde,
og jeg har i sinde.
At fortælle dig det hele en dag.
Men for nu betyder det alt for mig,
når du spørger om jeg vil lege med dig.

Og jeg vil altid stå ved din side.

Også når du føler verden er for stor,

når du glemmer hvor du bor.

Og når du føler tiden forsvinder,

vil jeg være her til at huske på alle vores gode minder.

Så lyt min ven, hvor end livet fører dig hen.

Du må aldrig skynde på tiden,

jeg lærte det siden,

Du kan ikke vente med at blive voksen.

Men med tiden vil du få viden,

så lad mig fortælle dig lidt om bagsiden.

Du drømmer om at du kan spole tiden frem,

jeg drømmer om at jeg kan spole tiden tilbage.

Tilbage til de dage,

Jeg ville ønske jeg kunne overse bare en gang imellem når livet halter, det kunne jeg den gang jeg var på din alder.

Tid er det vigtigste du har,
men du har ikke tid til dem der ikke ser
hvem du inderst inde er.

Blank

Jeg er blank,

ikke fordi jeg er af lavere rank.

Fordi politikkerne er splittede,

de rev ideen jeg havde om glansbilledet - itu

Så nu - er jeg blank.

Min stemmeseddel er ligeså,

for jeg har ingen tillid til dem jeg kan stemme på.

Dig

Jeg ved du elsker mig,
ikke på samme måde som jeg elsker dig.
Jeg står her, altid klar med en skulder
når livet står hulter til pulter.

Du er på mange måder perfekt,
men jeg føler mig mere og mere defekt.
Det er fire måneder siden jeg mødte dig,
til en fest og du snakkede med mig.

Dig og ham passede godt sammen.
Men da i slog op,
var det som om mit hjerte gav et ekstra hop.
Egoistisk jeg ved det godt.
Der gik få dage,
før du sagde.
Jeg tror måske jeg har følelser for ham,

mit hjerte bristede med det samme.

Hvad skal der til før du ser mig?
Som jeg ser dig.
Vi griner og vi har det godt,
hvorfor er det ikke nok?

Du kommer aldrig til at forstå,
hvad jeg føler, for jeg tør ikke tage den chance.
Jeg er bange for at sætte vores venskab ud af balance.
Så jeg lukker det inde, smiler og siger jeg er glad på dine vegne.
Selvom det er 50% løgne.

Træet

Træet gror,

det er lige meget hvor det bor.

Det stopper ikke for nogen,

en dag står det grønt i kronen.

Nogle gange skifter det retning,

det får blade alligevel.

Det kan man sige sig selv.

Træk vejret og stå,

i sidste ende skal det nok gå.